Thomas O. Höllmann
im Verlag von Urs Engeler

Thomas O. Höllmann

Erwartung & Melancholie
Sechzig Gedichte aus dem alten China

Inhalt

歸風送遠操

涼風起兮天隕霜
懷君子兮渺難望
感予心兮多慨慷

趙飛燕

Der heimkehrende Wind
vermittelt eine Weise aus der Ferne 1

Kühler Wind kommt auf,
Raureif fällt vom Himmel.
Meine Gedanken sind bei Euch, mein Herr,
obschon ich Euch kaum sehe.
Ihr habt mein Herz bewegt,
mir Edelmut vermittelt.

Zhao Feiyan (um 18 v. Chr.)

Adressat des Gedichts war vermutlich Kaiser Cheng (reg. 32–7 v. Chr.).

怨歌行

新裂齊紈素
鮮潔如霜雪
裁為合歡扇
團團似明月
出入君懷袖
動搖微風發
常恐秋節至
涼飆奪炎熱
棄捐篋笥中
恩情中道絕

班婕妤

Verbitterung

2

Als Zeichen der Verbundenheit habe ich
Seide aus Qi zu einem Fächer verarbeitet:
weiß wie frischer Reif und Schnee,
gänzlich rund wie der strahlende Vollmond.
Überall hin begleitet er Euch, mein Herr,
entfaltet beim Wedeln einen sanften Luftstrom.
Ganz bang wird mir jedoch bei dem Gedanken
an den Herbst, wenn kühler Wind die Hitze bannt.
Dann werft Ihr ihn achtlos in ein Kästchen, genauso
wie Gunst und Neigung vor der Zeit zu Ende gehen.

Ban Jieyu (um 15 v. Chr.) zugeschrieben

Die Urheberschaft ist nicht gesichert; der Zeitpunkt des Entstehens könnte auch später sein. Adressat des Gedichts war Kaiser Cheng (reg. 32–7 v. Chr.). Das Zentrum von Qi lag in der heutigen Provinz Shandong.

上留田行

居世一何不同
上留田
富人食稻粱
上留田
貧子食糟與糠
上留田
貧賤亦何傷
上留田
祿命懸在蒼天
上留田
今爾嘆息將欲誰怨
上留田

曹丕

Trauergesang

Warum nur verlaufen die Lebenswege so
unterschiedlich?
Traurig fürwahr!
Die Reichen mampfen Hirse und Reis.
Traurig fürwahr!
Die Armen futtern Treber und Spreu.
Traurig fürwahr!
Warum nur sind Elend und Not so quälend?
Traurig fürwahr!
Über das Schicksal bestimmt der azurblaue Himmel.
Traurig fürwahr!
Bei wem wird das Jammern und Stöhnen künftig
in Rage umschlagen?
Traurig fürwahr!

Cao Pi (frühes 3. Jh)

Die jeweils mit „traurig fürwahr" übersetzte Passage benennt wohl ursprünglich eine Region und – davon abgeleitet – einen besonderen Trauergesang (daher auch die freie Übersetzung der Überschrift). Das Gedicht des späteren Kaisers hat einen zynischen Unterton.

寄行人

桂吐兩三枝
蘭開四五葉
是時君不歸
春風徒笑妾

鮑令暉

An einen Reisenden

4

Der Zimtbaum treibt aufs Neue aus,
den Orchideen sprießen frische Blätter.
Du aber bist noch immer nicht zurück. Nur der
feixende Frühlingswind gesellt sich zu mir.

Bao Linghui (um 450)

Die Zahlenangaben („zwei bis drei“ bzw. „vier bis fünf“) in den ersten beiden Zeilen der Vorlage wurden weggelassen. Der Frühlingswind erweckt nach einer gängigen Vorstellung nicht nur die Triebe der Pflanzen, sondern auch die Sinnlichkeit der Menschen.

初春

扶道覓陽春
相將共攜手
草色猶自腓
林中都未有
無事逐梅花
空教信楊柳
且複歸去來
含情寄杯酒

沈約

Frühlingsanfang

5

Auf unserem Weg halten wir Ausschau
nach dem sonnigen Lenz:
Seite an Seite, Hand in Hand.
Blass ist noch das Grün der Wiesen;
kein Pflänzchen regt sich
inmitten der Wälder.
Wie von selbst erblühen
dagegen die Pflaumenbäume,
fast aus dem Nichts
entfalten sich die Weiden.
Nach Hause zurückgekehrt,
ertränken wir die Leidenschaft
in unseren Bechern.

Shen Yue (um 490)

Sowohl die Pflaume als auch die Weide sind Frühblüher und symbolisieren überdies sexuelles Verlangen.

贊

生也有涯
無涯惟智
逐物實難
憑性良易
傲岸泉石
咀嚼文義
文果載心
余心有寄

劉勰

Preislied

6

Begrenzt ist doch des Lebens Dauer,
unerschöpflich nur des Geistes Kraft.
Weit besser als dem Schein der Dinge
folgt man der eigenen Natur.
Unerschütterlich wie ein Fels im Sturzbach
überdenke ich den Gehalt der Worte.
Wenn die Dichtung das Innerste offenbart,
dann hat mein Sinnen die rechte Obhut gefunden.

Liu Xie (502)

吾心似秋月

吾心似秋月
碧潭清皎潔
無物堪比倫
教我如何說

寒山

Gedankenspiel

Mein Empfinden erinnert an den Herbstmond,
der sich hell im smaragdgrünen Teich spiegelt.
Gut, der Vergleich hinkt, aber wie kann man
es besser in Worte fassen? Sag es mir!

Hanshan (vermutlich 7. Jh)

讀書豈免死

讀書豈免死
讀書豈免貧
何以好識字
識字勝他人
丈夫不識字
無處可安身
黃連搵蒜醬
忘計是苦辛

寒山

Schriftkunde

8

Lesen verhindert nicht den Tod,
es beugt auch nicht der Armut vor.
Der Mensch erlernt die Schrift
ohnehin nur, um andere auszustechen;
denn nur wer sie beherrscht, kann
seinen Platz in dieser Welt finden.
Wenn man die Goldfadenwurzel
in Knoblauchsoße tunkt,
bemerkt man nicht, wie bitter sie ist.

Hanshan (vermutlich 7. Jh)

Die äußerst bittere Wurzel des Goldfadens (Coptis spp.) war Bestandteil zahlreicher Arzneimittel.

蹭蹬諸貧士

蹭蹬諸貧士
飢寒成至極
閑居好作詩
札札用心力
賤他言孰采
勸君休歎息
題安糊餅上
乞狗也不喫

寒山

9

Scharen armseliger Gelehrter:
trotz nagenden Hungers und eisiger Kälte
bemüßigt, sich völlig zu verausgaben
beim Kritzeln von Gedichten. Wer aber
will von solchen Kerlen schon etwas lesen?
Hört also endlich auf mit dem Gegreine!
Ihr könntet euch sogar auf Keksen verewigen
und nicht einmal ein Hund würde daran knabbern.

Hanshan (vermutlich 7. Jh)

登鸛雀樓

白日依山盡
黃河入海流
欲窮千里目
更上一層樓

王之渙

Bei der Besteigung des Storchenturms

10

In den Bergen versinkt die Sonne,
der Gelbe Fluss ergießt sich ins Meer,
noch ist der Turm nicht erklommen,
der den Blick in die Ferne gewährt.

Wang Zhihuan (um 730)

Das Gebäude stand in Puzhou (in der heutigen Provinz Shanxi) unweit des Gelben Flusses.

鹿柴

空山不見人
但聞人語響
返景入深林
復照青苔上

王維

Hirschgehege

Niemand zu sehen
in der Bergeinsamkeit,
nur ferne Stimmen
dringen an mein Ohr.
Über den tiefen Forst
senkt sich die Abendsonne
und wirft ihr Licht
aufs grüne Moos.

Wang Wei (um 750)

山中

荊溪白石出
天寒紅葉稀
山路元無雨
空翠溼人衣

王維

In den Bergen

12

Weiße Felsen
ragen aus dem Dornen-Bach.
Kalt ist es geworden,
und rar das rote Laub.
Entlang des Bergpfads
fällt kein Regentropfen,
benetzt wird das Gewand
allein vom Blau des Himmels.

Wang Wei (um 750)

靜夜思

床前明月光
疑是地上霜
舉頭望明月
低頭思故鄉

李白

Gedanken in friedvoller Nacht

Bis an mein Bett drang der helle Schein,
fast so, als wäre der Boden von Reif bedeckt.
Ich blickte empor zum leuchtenden Mond,
gedachte dann mit gesenktem Kopf der Heimat.

Li Bo (um 725)

In der Entstehungszeit dieses Gedichts war Li Bo in den Städten des ostchinesischen Küstenraums unterwegs. Unter Heimat verstand er vermutlich das Gebiet in der heutigen Provinz Sichuan, in dem er den Großteil seiner Kindheit und Jugend verbracht hatte, und nicht seinen Geburtsort in der nordwestlichen Grenzregion Chinas, wo die Vorfahren seit der Verbannung des Urgroßvaters gelebt hatten.

戲贈杜甫

飯顆山頭逢杜甫
頂戴笠子日卓午
借問別來太瘦生
總為從前作詩苦

李白

Für Du Fu als launige Gabe

14

Am Gipfel des Fanke Bergs stieß ich auf Du Fu,
durch einen Strohhut gegen die Mittagssonne geschützt,
und fragte ihn, ob er zwischenzeitlich abgemagert sei,
weil die Dichtkunst so viel Mühsal mit sich bringt.

Li Bo (vermutlich 746)

Der Fanke Berg lässt sich nicht mehr eindeutig identifizieren; er liegt in der Nähe der heutigen Stadt Xi'an (Provinz Shaanxi).

獨坐敬亭山

眾鳥高飛盡
孤雲獨去閒
相看兩不厭
只有敬亭山

李白

Einsam auf dem Jingting Berg sitzend

15

Davongemacht hat sich die Vogelschar da oben,
verwaiste Wolken zogen unbekümmert hinterdrein.
Den Blick einander zugewandt, harren nur
wir beide aus: der Jingting Berg und ich.

Li Bo (753)

Der vielbesungene Jingting Berg liegt nördlich von Xuancheng in der heutigen Provinz Anhui.

秋浦歌（其十五）

白髮三千丈
離愁似箇長
不知明鏡裡
何處得秋霜

李白

Lieder von herbstlich gestimmten Ufern (15)

16

Weiß sind die Haare geworden,
unsäglich lang vor lauter Gram.
Ich frag' mich nur,
woher der Herbstreif rührt,
der sich im blanken Spiegel zeigt.

Li Bo (um 755)

Aus einem Zyklus von insgesamt 17 Gedichten.

夏日山中

懶搖白羽扇
裸袒青林中
脫巾掛石壁
露頂灑松風

李白

An einem Sommertag in den Bergen

Träge mit dem weißen Federfächer wedelnd, raste ich,
die Kleidung abgelegt, in einem grünen Hain.
An einen Felsvorsprung gehängt ist nun die Kappe,
auf dass
unter den Kiefern eine Brise über mein bares
Haupt streicht.

Li Bo (8. Jh)

Unter der Tang-Dynastie trugen die Männer im Alltag ein Kopftuch, das an einen Turban erinnert.

秋日

反照入閭巷
憂來與誰語
古道無人行
秋風動禾黍

耿湋

Herbsttag

18

In den Gassen fängt sich das Licht, doch mit wem
kann ich sprechen, wenn die Trübsal kommt?
Keiner ist mehr unterwegs auf den alten Wegen,
sobald der Herbstwind die Ähren beugt.

Geng Wei (um 773)

不怨 盧郎 年紀大

不怨 盧郎 官職卑
自恨妾身生較晚
不見 盧郎 年少時

崔氏

An meinen Mann

Mich stört nicht Dein hohes Alter,
auch nicht Dein niedriges Gehalt.
Ich bedauere nur, dass ich zu spät geboren wurde,
um Dir in jungen Jahren zu begegnen.

Cui Shi (8. Jh?)

Der Titel wurde ergänzt. In der Textvorlage wird der Gatte dreimal als „Herr Lu" bezeichnet; die Übersetzung verwendet stattdessen Pronomina.

新嫁娘

三 日 入 厨 下
洗 手 作 羹 汤
未 谙 姑 食 性
先 遣 小 姑 尝

王建

Die Jungvermählte

20

Drei Tage nach der Hochzeit:
ab in die Küche, Hände waschen, Suppe kochen.
Ob es der Schwiegermutter mundet?
Kostet besser erst die junge Schwägerin.

Wang Jian (um 800)

蟬

露滌清音遠
風吹數葉齊
聲聲似相接
各在一枝棲

薛濤

Zikaden

Vom Tau benetzt, trägt das Gezirpe weit,
zu Häufchen weht der Wind das Laub:
Als ob sich die Töne zum Gleichklang vereinten,
auch wenn jede auf einem anderen Zweig sitzt.

Xue Tao (um 800)

犬離主

馴擾朱門四五年
毛香足淨主人憐
無端咬著親情客
不得紅絲毯上眠

薛濤

Zerwürfnis zwischen Herr und Hund

22

Brav und gelehrig war er vier, fünf Jahre lang im
noblen Palais:
duftendes Fell, saubere Pfoten, einfach liebenswert.
Seit er aber einmal nach einem trauten Gast schnappte,
darf er nicht mehr auf dem roten Seidenteppich schlafen.

Xue Tao (um 800)

鸚鵡離籠

隴西獨自一孤身
飛去飛來上錦茵
都緣出語無方便
不得籠中再喚人

薛濤

Der aus dem Käfig verstoßene Papagei

Einsam und verlassen war er in Longxi umhergeflogen,
bevor er sich auf dem Brokatkissen niederließ.
Nur weil er ungehörig schwatzte, darf er nun
niemandem mehr von seinem Käfig aus zurufen.

Xue Tao (um 800)

Longxi, die ursprüngliche Heimat des Vogels, liegt im Grenzbereich der heutigen Provinzen Sichuan und Gansu. Der Brokat verweist auf Chengdu, den Lebensmittelpunkt von Xue Tao, in der heutigen Provinz Sichuan.

燕離巢

出入朱門未忍抛
主人常愛語交交
銜泥穢污珊瑚枕
不得梁間更壘巢

薛濤

Nistverbot für die Schwalbe

24

Raus und rein: Ungehindert flog sie immer wieder
durch das rote Tor.
Der Eigner des Palais war regelmäßig angetan
von dem Gezwitscher,
bis ein Klümpchen Lehm aus ihrem Schnabel
auf sein Korallenkissen fiel.
Nie wieder durfte sie von da an zwischen den
Dachbalken ihr Nest bauen.

Xue Tao (um 800)

Die Präsenz der Schwalbe verhieß im Allgemeinen Glück. Rote Tore markierten den Zugang zu den Häusern der Oberschicht.

江雪

千山鳥飛絕
萬徑人蹤滅
孤舟蓑笠翁
獨釣寒江雪

柳宗元

Verschneiter Fluss

Tausend Berge, doch kein Vogel mehr zu sehen,
zehntausend Pfade, von den Menschen keine Spur.
Nur ein alter Angler auf dem verschneiten Fluss –
        in seiner Barke
ganz allein der Kälte trotzend mit Binsenkluft
        und Bambushut.

Liu Zongyuan (um 800)

夜 雪

已訝衾枕冷
復見窗戶明
夜深知雪重
時聞折竹聲

白居易

Nächtlicher Schnee

26

Durch das kalte Bettzeug jählings wach geworden,
bemerke ich den hellen Schein am Fenster und erkenne
in vorgerückter Nacht den aufgetürmten Schnee.
Bisweilen ist ein Knacken in den Bambusstreben zu hören.

Bo Juyi (815)

聞龜兒詠詩

憐渠已解詠詩章
搖膝支頤學二郎
莫學二郎吟太苦
才年四十鬢如霜

白居易

Ich lausche meinem Neffen, der ein Gedicht zum Vortrag bringt

Verstehst Dich schon aufs Deklamieren,
    Du Ärmster,
wippst in den Knien, stützt das Kinn auf,
    kopierst den Onkel.
Solltest aber nicht – wie ich – das Leid besingen,
sonst sind die Schläfen schon mit vierzig
    weiß wie Raureif.

Bo Juyi (818)

Im chinesischen Titel ist nicht der Verwandtschaftsgrad festgehalten, sondern Gui'er, der Name des damals sechsjährigen Neffen.

李白墓

採石江邊李白墳
繞田無限草連雲
可憐荒壟窮泉骨
曾有驚天動地文
但是詩人多薄命
就中淪落不過君

白居易

Am Grab von Li Bo

28

Am Ufer des Caishi liegt Li Bos Grab, umschlossen
von endlosem Buschwerk, das bis in die Wolken reicht.
Wie bitter! Tief da unten ruhen nun die Knochen
eines Mannes,
dessen Schriften einst Himmel und Erde bewegten.
Poeten sind von Natur aus nicht vom Glück begünstigt,
aber keiner war jemals verzweifelter als Du.

Bo Juyi (818)

Die Grabstätte befand sich an einem Zulauf zum Yangzi in der heutigen Provinz Anhui.

失鶴

失為庭前雪
飛因海上風
九霄應得侶
三夜不歸籠
聲斷碧雲外
影沉明月中
郡齋從此後
誰伴白頭翁

白居易

Vom Verlust meines Kranichs

Im Schneegestöber ist er aus dem Hof entschwunden,
vom Meereswind emporgetragen bis ans Firmament.
In fernen Sphären fand sich wohl ein Partner,
schon drei Nächte blieb er seinem Käfig fern.
Sein Ruf verhallte in den blau durchwirkten Wolken,
sein Schatten schwand im Mondesglanz.
Wer wird dem weiß gewordenen Alten künftig
noch Gesellschaft leisten auf seinem Ansitz?

Bo Juyi (824)

Bo Juyi hielt auf seinem Anwesen in Luoyang Kraniche als Ziervögel, von denen er im Entstehungsjahr des Gedichts in der Tat einen vermisste. Andererseits war das Tier von großer symbolischer Bedeutung. Es verhieß vor allem Langlebigkeit, mit der der damals 52-jährige „weißhaarige Alte“ offensichtlich kokettierte, aber auch einen hohen Rang in der Bürokratie.

因寄行簡

已知臘子能裁服
復報龜兒解詠燈
巧婦才人常薄命
莫教男女苦多能

白居易

Mitteilung an meinen Bruder

30

Dass Deine Frau gut schneidern kann,
  war mir schon lange klar,
nun schrieb, wie Du vermeldest, der Sohn
  ein ‚Gedicht auf den Leuchter'.
Schlaue Frauen und begabte Männer
  begünstigt das Glück nur selten.
Umhege die Deinen also nicht wie
  freudlose Ausnahmeerscheinungen!

Bo Juyi (826)

Titel stark gekürzt. Im chinesischen Text ist jeweils nicht der Verwandtschaftsgrad, sondern der Personenname oder Spitzname aufgeführt: Lazi war die Frau, Gui'er der Sohn des noch im selben Jahr verstorbenen jüngeren Bruders Bo Xingjian.

花非花

花非花
霧非霧
夜半來
天明去
來如春夢不多時
去似朝雲無覓處

白居易

Nächtliche Gedanken

Blühend, wenn auch keine Blumen,
schemenhaft, doch nicht in Schwaden,
erscheinen sie um Mitternacht,
entschwinden dann im Dämmerlicht:
flüchtig wie ein Frühlingstraum,
ziellos wie die Morgenwolken.

Bo Juyi (um 830)

Der Titel wurde sinngemäß ergänzt; in der chinesischen Vorlage wiederholt er nur die erste Zeile. Der Autor lässt offen, wer das Subjekt des Gedichts ist; auch sind Singular und Plural gleichermaßen möglich. Nach Auffassung mancher Übersetzer geht es um den nächtlichen Besuch einer Frau, doch gibt es dafür im Text keinerlei Anhaltspunkte.

歲暮

慘澹歲雲暮
窮陰動經旬
霜風裂人面
冰雪摧車輪
而我當是時
獨不知苦辛
晨炊廩有米
夕爨廚有薪
夾帽長覆耳
重裘寬裹身
加之一杯酒
煦嫗如陽春
洛城士與庶
比屋多饑貧
何處爐有火
誰家甑無塵
如我飽暖者
百人無一人
安得不慚愧
放歌聊自陳

白居易

Jahresende

32

Seit zehn Tagen verdeckt durch dunkle Wolken,
geht ein lausiges Jahr dem Ende entgegen:
mit eisigem Wind, der die Gesichter furcht,
und Wagenrädern, die der Harsch zerlegt.

Zudem bin ich derzeit wohl der einzige,
den weder Not noch Kummer plagen!
Für den Morgen ist im Speicher reichlich Reis,
für den Abend gibt es haufenweise Feuerholz.

Die wattierte Mütze über die Ohren gezogen,
den Körper in schweren Pelz gehüllt,
gestatte ich mir obendrein noch einen Humpen,
der mich wohlig stimmt wie die Frühlingssonne.

Ansonsten darben in Luoyang die Menschen:
die hohen Herrschaften wie das gemeine Volk.
Wo flackert im Herd noch das wärmende Feuer,
bei wem sind die Töpfe nicht eingestaubt?

Unter hundert Menschen gibt es nicht einen,
der mir gleichkommt. Bestens vor Hunger und Kälte
geschützt, plagt mich jedoch das schlechte Gewissen!
Um das festzuhalten, schrieb ich dieses Gedicht.

Bo Juyi (vermutlich 833)

Luoyang (in der heutigen Provinz Henan) war damals zwar nicht mehr der Sitz der kaiserlichen Residenz, aber immer noch eine bedeutende Großstadt.

登靈應台北望

臨高始見人寰小
對遠方知色界空
回首卻歸朝市去
一稊米落太倉中

白居易

Nordblick nach dem Aufstieg zur Lingying Terrasse

Erst von hier oben sieht man, wie winzig
doch des Menschen Welt,
wie leer die materielle Vielfalt in der Unendlichkeit
des Raums.
Ich wende mich ab und kehre zurück
in die belebte Stadt:
einem Reiskorn gleich, das in den
kaiserlichen Kornspeicher fällt.

Bo Juyi (um 837)

Die Linying Terrasse lässt sich nicht mehr eindeutig identifizieren; vermutlich lag der Aussichtsort südlich von Luoyang (in der heutigen Provinz Henan). Die zweite Zeile ist in einem buddhistischen Kontext zu verstehen. Die letzte Zeile verweist auf das Werk *Zhuangzi* (Kap. 17.1), das dem im späten 4. vorchristlichen Jahrhundert wirkenden daoistischen Philosophen Zhuang Zhou zugeschrieben wird. In seiner bis heute überlieferten Version geht es freilich erst auf das vierte nachchristliche Jahrhundert zurück und bezieht in manchen Passagen buddhistisches Gedankengut ein.

歳暮

歳暮皤然一老夫
十分流輩九分無
莫嫌身病人扶侍
猶勝無身可遣扶

白居易

Jahreswechsel

34

Am Ende des Jahres erkennt ein Mann,
alt und ergraut,
dass von zehn einstigen Gefährten
nur noch einer lebt.
An der Obhut, die seine hinfälligen Glieder erfordern,
stört er sich nicht:
allemal besser, als keinen Körper mehr zu haben,
dem geholfen werden kann.

Bo Juyi (840)

Dieser Text stammt aus einem fünfzehn Gedichte umfassenden Zyklus, den der Verfasser relativ kurz nach einem Schlaganfall schrieb, der unter anderem die Lähmung des linken Beins mit sich brachte. Der Titel ist verkürzt.

客有說

近有人從海上回
海山深處見樓臺
中有仙龕虛一室
多傳此待樂天來

白居易

Ein Reisender berichtet

35

Unlängst, von einer Seereise zurückgekehrt, behauptete
jemand, er habe auf einer Felseninsel einen Prachtbau
entdeckt: und mittendrin die Bleibe
für die Unsterblichen.
Ein Platz sei noch frei gewesen – offenkundig
reserviert für mich.

Bo Juyi (um 842)

Von der hier skizzierten Schilderung mit deutlichen Anklängen an daoistische Vorstellungen distanzierte sich Bo Juyi (der in der letzten Zeile der chinesischen Vorlage bei seinem Namen genannt wird) in einem späteren Gedicht; darin bekannte er sich eindeutig zum Buddhismus.

自詠老身示諸家屬

壽及七十五
俸沾五十千
夫妻偕老日
甥侄聚居年
粥美嘗新米
袍溫換故綿
家居雖濩落
眷屬幸團圓
置榻素屏下
移爐青帳前
書聽孫子讀
湯看侍兒煎
走筆還詩債
抽衣當藥錢
支分閑事了
爬背向陽眠

白居易

Altersgedicht für meine Angehörigen

36

In einem Alter von fünfundsiebzig Jahren,
bei einem Unterhalt von fünfzigtausend Deut,
mit einer Frau, die mit mir alt geworden,
um uns herum all die Geschwisterkinder,
koste ich von feinem Brei und jungem Reis,
lasse die dicke Winterjacke frisch wattieren.
Unsere Bleibe ist bescheiden, doch reicht
der Platz, zum Glück, für den Familienkreis.
Die Liege steht nun hinter einem schlichten Paravent,
das Öfchen vor einem dunklen Vorhang.
Ich lausche dem Enkel, der mir vorliest,
sehe dem Küchenjungen zu, wie er die Suppe wärmt.
Mit flüchtigem Pinsel erwidere ich Gedichte,
krame Geld aus dem Gewand für die Arznei.
Wenn all diese Lappalien erledigt sind, wende ich
den Rücken der Sonne zu und schlafe.

Bo Juyi (846)

Dieses Gedicht wird gerne als letztes Werk des moribunden Autors betrachtet. Auf alle Fälle nimmt es Bezug auf einige Traditionen, die der Anfangsphase des Totenkults im Kreis der Familie zuzuordnen sind: beispielsweise das Aufstellen einer als Sterbebett dienenden einfachen Liege außerhalb der Schlafkammer; die Abschirmung durch einen nicht dekorierten Stellschirm; das Wattieren des Obergewands, auch in der heißen Jahreszeit; den symbolverhafteten Kauf einer Beschwerden lindernden Medizin; den Blick nach Norden, wo häufig das Jenseits verortet wurde.

行宮

寥落古行宮
宮花寂寞紅
白頭宮女在
閑坐說玄宗

元稹

Reiseresidenz

Unbeachtet bleiben die roten Blüten
im Park des verwahrlosten Palasts.
Hofdamen mit schlohweißem Haar sitzen
müßig herum und parlieren über Kaiser Xuanzong.

Yuan Zhen (um 820)

Vermutlich handelt es sich um eine der Palastanlagen, in denen die Herrscher und ihre Entourage auf dem Wege von Chang'an nach Luoyang untergebracht waren. Kaiser Xuanzong regierte von 712–755 und war schon lange tot, als dieses Gedicht entstand.

贈別（其一）

娉娉嫋嫋十三餘
豆蔻梢頭二月初
春風十里揚州路
卷上珠簾總不如

杜牧

Zum Abschied (1)

38

Anmutig und zart, gerade mal
dreizehn Jahre alt: ähnlich
dem Blütenspross des Kardamoms
am Beginn des zweiten Mondes.
In den weitläufigen Straßen
von Yangzhou findet sich hinter
hochgezogenem Perlenvorhang keine,
die ihr gleichkommt im Frühlingswind.

Du Mu (um 835)

Intime Beziehungen mit sehr jungen Mädchen waren im antiken China nicht ungewöhnlich, des Öfteren aber wohl auch nur Wunschdenken.

贈別（其二）

多情卻似總無情
唯覺樽前笑不成
蠟燭有心還惜別
替人垂淚到天明

杜牧

Zum Abschied (2)

Die große Liebe mutet
nur noch an wie Apathie.
Den Becher fest in Händen,
gelingt kein Lächeln mehr.
Die Kerze, tief bewegt vom
tristen Auseinandergehn,
vergießt statt unser manche Träne
bis zum Anbruch eines neuen Tags.

Du Mu (um 835)

遣懷

落魄江湖載酒行
楚腰纖細掌中輕
十年一覺揚州夢
贏得青樓薄倖名

杜牧

Bekenntnis

40

Trunken und zügellos zog ich
durch südliche Lande, begegnete
den zierlichen Mädchen aus Chu:
fast schwerelos in meiner Hand.
Nach zehn Jahren in Yangzhou
erwachte ich plötzlich aus dem Traum
und begriff, dass davon nichts blieb
als der Ruf eines leichtfertigen Lebemanns.

Du Mu (vermutlich 838)

Der Überlieferung zufolge dominierte am Hof von Chu einst ein Schönheitsideal, das auf eine extreme Schlankheit der Frauen abzielte. Yangzhou (in der heutigen Provinz Jiangsu) liegt am Unterlauf des Yangzi.

早起

風露澹清晨
簾間獨起人
鶯花啼又笑
畢竟是誰春

李商隱

Frühaufsteher

Sanft geleiten Wind und Tau den frühen Morgen,
wenn ich mich erhebe: hinter den Gardinen,
        ganz allein.
Die Pirole klagen, die Blüten lächeln,
wer aber waltet letztlich über den Frühling?

Li Shangyin (vermutlich um 840)

Der Pirol wurde wegen seines Gesangs geschätzt, war aber auch ein Synonym für sogenannte Singmädchen.

天涯

春日在天涯
天涯日又斜
鶯啼如有淚
為濕最高花

李商隱

Am Ende der Welt

42

Schräg steht die Frühlingssonne am Horizont,
und wenn der Pirol sein Klagelied anstimmt,
dann könnte man meinen, die obersten Blüten
seien mit Tränen getränkt.

Li Shangyin (851)

登樂游原

向晚意不适
驅車登古原
夕陽無限好
只是近黃昏

李商隱

Hinauf zum Bühl

43

Es ging schon auf den Abend zu, als ich,
ganz verzagt, im Wagen fuhr hinauf zum alten Bühl.
Unermesslich schön ist dort der Sonnenuntergang,
doch immer näher rückt der Einbruch der Nacht.

Li Shangyin (um 855)

Die im chinesischen Titel genannte Anhöhe Leyou lag südöstlich der damaligen Hauptstadt Chang'an (Xi'an in der heutigen Provinz Shaanxi) und bot einen weiten Ausblick.

更漏子

玉爐香
紅蠟淚
偏照畫堂秋思
眉翠薄
鬢雲殘
夜長衾枕寒
梧桐樹
三更雨
不道離情正苦
一葉葉
一聲聲
空階滴到明

溫庭筠

Zur Weise von der Wasseruhr

44

Duft aus dem Jadebrenner
und Tränen roter Kerzen
vermitteln Herbstgefühle im prunkvollen Gemach.
Verlaufen ist die Schminke an den Brauen,
zerwühlt das hochgesteckte Haar.
Über Nacht ist das Bett ausgekühlt.

Zu später Stunde fällt Regen
auf den Parasolbaum:
ohne Rücksicht auf meine triste Einsamkeit.
Blatt für Blatt,
Tropfen für Tropfen.
Bis zum Morgen prasselt er auf leere Stufen.

Wen Tingyun (um 850)

Der Titel bezieht sich auf eine Melodie, mit der mehrere Autoren ihre Gedichte unterlegten. Der Autor beschreibt den Trennungsschmerz aus der Perspektive einer Frau.

題名

雲峰滿目放春晴
歷歷銀鉤指下生
自恨羅衣掩詩句
舉頭空羨榜中名

魚玄機

Wolkenverhangene Gipfel, wohin das Auge blickt,
verschwunden ist der klare Frühlingshimmel.
Schriftzeichen entstehen – eins nach
dem anderen – von kundiger Hand.
Ich hasse das leichte Seidenkleid,
das meine Dichtkunst verschleiert.
Die aufgelisteten Prüflinge bewundere ich:
ohne Aussicht auf Erfolg, aber mit erhobenem Haupt.

Yu Xuanji (um 865)

Der Titel des Gedichts wurde gekürzt. Er lautet in vollem Wortlaut: „Bei einem Besuch des Chongzhen Tempels sehe ich im südlichen Pavillon die Bekanntmachung der Namen derer, die die Prüfung bestanden haben".

答趙象

相思只恨難相見
相見還愁卻別君
願得化為松上鶴
一雙飛去入行雲

步非烟

Liaison

46

Wenn ich an Dich denke, grämt es mich,
wie heikel unsere Treffen sind,
und kommt es dann zum Stelldichein,
bekümmert mich der nahe Abschied.
Ach, könnten wir uns doch in Kraniche
verwandeln, die sich gemeinsam
von einer Kiefer in die Lüfte erheben
und mit den Wolken davonziehen!

Bu Feiyan (9. Jh.)

Der Liebhaber wird in der nicht unmittelbar eingängigen chinesischen Überschrift „Antwort an Zhao Xiang" namentlich genannt. Die Aufdeckung des Verhältnisses durch den Ehemann endete für die Autorin des Gedichts tödlich; der Verehrer konnte hingegen entkommen.

雪

盡道豐年瑞
豐年事若何
長安有貧者
為瑞不宜多

羅隱

Vom Schnee

47

Alle meinen, er verheiße eine gute Ernte,
doch was besagt das schon?
In Chang'an darben die Menschen,
auch wenn die Vorzeichen günstig stehen.

Luo Yin (9. Jh.)

Chang'an (heute Xi'an in der Provinz Shaanxi) war die Hauptstadt des Tang-Reichs.

早秋

遙夜泛清瑟
西風生翠蘿
殘螢委玉露
早雁拂銀河
高樹曉還密
遠山晴更多
淮南一葉下
自覺老煙波

許渾

Herbstanfang

48

Heller Lautenklang
erfüllt die endlose Nacht,
im Westwind wiegt sich
rankendes Grün.
Die letzten Glühwürmchen
erlöschen im Tau,
erste Graugansschwärme
queren den Sternenhimmel.
Im Morgendämmer
rücken die hohen Bäume zusammen,
ferne Berge mehren sich
im zunehmenden Licht.
Beim ersten Blätterfall fühle ich,
dass ich alt geworden bin
im aufsteigenden Dunst
südlich des Huai-Flusses.

Xu Hun (9. Jh.)

Der Huai durchfließt die heutigen Provinzen Henan, Anhui und Jiangsu; er wurde häufig als Grenze zwischen Nord- und Südchina wahrgenommen.

別歲

故人適千里
臨別尚遲遲
人行猶可復
歲行那可追
問歲安所之
遠在天一涯
已逐東流水
赴海歸無時
東鄰酒初熟
西舍彘亦肥
且為一日歡
慰此窮年悲
勿嗟舊歲別
行與新歲辭
去去勿回顧
還君老與衰

蘇軾

Abschied vom alten Jahr

Wenn ein alter Freund aufbricht zu einer
weiten Reise, zieht sich der Abschied
ewig hin. Vielleicht kehrt er gleichwohl
zurück! Was aber, wenn ein Jahr vorüber
ist: Wo soll man danach suchen
in der Unendlichkeit dieser Welt?
Von den Fluten ins östliche Meer gespült,
wird es niemals wiederkommen.

Die einen Nachbarn halten warmes Bier
bereit, die anderen fetten Schweinebauch.
Ein guter Tag sei uns noch vergönnt,
auf dass dieses armselige Jahr
nicht völlig abzuschreiben ist.
Auch der nächste Lenz wird rasch vorüberziehen.
Vorbei ist vorbei, schau nicht zurück!
Älter und gebrechlicher wirst Du von selbst.

Su Shi (1062)

Der damals 25 Jahre alte Autor verschickte aus diesem Anlass insgesamt drei Gedichte an seinen jüngeren Bruder, die teils einen sentimentalen, teils einen ironischen Unterton haben. Den Jahreswechsel feierten die Menschen damals recht ausdauernd bei gegenseitigen Besuchen. Das im Allgemeinen mit Gewürzen versetzte Bier wurde vor dem Trinken angewärmt. Nach dem Autor benannte man später eine Variante des geschmorten Schweinebauchs.

書畫(其一)

論畫以形似
見與兒童鄰
賦詩必此詩
定非知詩人
詩畫本一律
天工與清新

蘇軾

Bildaufschrift (1)

50

Ein Kunstwerk nur danach zu beurteilen, ob es
der Wirklichkeit nahekommt, ist Kinderkram.
Auch kann keiner ein großer Dichter sein,
der lediglich den formalen Vorgaben folgt.
Poesie und Malerei haben die gleichen Erfordernisse:
ausgereifte Technik und ungebändigte Kreativität.

Su Shi (1087)

Auszug aus einem von zwei Gedichten. Titel gekürzt; er lautet vollständig: „Aufschrift auf dem Bildnis eines abgebrochenen Zweigs von Herrn Wang, dem Leiter des Standesamts in Yeling“.

如夢令

遙夜沉沉如水
風緊驛亭深閉
夢破鼠窺燈
霜送曉寒侵被
無寐無寐
門外馬嘶人起

秦觀

Zur Weise von der Träumerei

Unergründlich wie die tiefen Wasser
        sind die langen Nächte.
Fest verriegelt bleibt bei starkem Wind
        das Herbergstor.
Als ich erwache aus dem Traum, schnuppern
        am Lampenöl die Ratten,
und Eiseskälte, vom Frost geschickt,
        kriecht unter meine Decke.
An Schlaf ist nicht mehr zu denken!
Draußen wiehern die Pferde, die Menschen
        erheben sich von ihren Lagern.

Qin Guan (ausgehendes 11. Jh.)

Der Titel bezieht sich auf eine Melodie, mit der mehrere Autoren ihre Gedichte unterlegten.

怨王孫

湖上風來波浩渺
秋已暮
紅稀香少
水光山色與人親
說不盡
無窮好
蓮子已成荷葉老
青露洗
萍花汀草
眠沙鷗鷺不回頭
似也恨
人歸早

李清照

Zur Weise vom Groll auf den Prinzen

52

Wind kommt auf am See, treibt Wellen
endlos vor sich her.
Der Herbst ist nun dem Ende nah:
das Rot verblasst, der Wohlgeruch geschwunden.
Des Wassers Schimmer, der Berge Färbung
rühren mich an,
nicht in Worte zu fassen,
unglaublich schön.

Bei den Lotospflanzen welken die Blätter,
reifen die Nüsse.
Reiner Tau benetzt
die Entengrütze und das Ufergras.
Möwen und Reiher dösen auf der Sandbank,
wenden nicht einmal den Blick,
als würden sie es bedauern,
dass ich mich schon davonmache.

Li Qingzhao zugeschrieben (um 1100)

添字醜奴兒

窗前誰種芭蕉樹
陰滿中庭
陰滿中庭
葉葉心心
舒捲有餘清
傷心枕上三更雨
點滴霖霪
點滴霖霪
愁損北人
不慣起來聽

李清照

Zur Weise vom hässlichen Bürschlein

Wer pflanzte den Bananenbaum vor meinem Fenster?
Den ganzen Hof verschattet er,
den ganzen Hof verschattet er:
Blatt um Blatt, Herz um Herz.
Das Sprießen wie das Entfalten weckt überbordende
Gefühle.

Traurig lausche ich auf meinem Kissen dem nächtlichen
Regen:
Tropfen für Tropfen, unablässig,
Tropfen für Tropfen, unablässig.
Wehmut überkommt die Fremde aus dem Norden,
die sich gewöhnlich nicht aufrichtet, um sich das
anzuhören.

Li Qingzhao (um 1135)

如夢令

常記溪亭日暮
沈醉不知歸路
興盡晚回舟
誤入藕花深處
爭渡
爭渡
驚起一灘鷗鷺

李清照

Zur Weise von der Träumerei (1)

54

Immer wieder kommt er mir ins Gedächtnis:
der Pavillon am Fluss,
wo ich, trunken im Abenddämmer,
den Heimweg nicht mehr fand.
Reichlich spät und geknickt machte ich mich auf
in meinem Boot,
bis dieses abdriftete und festsaß im Dickicht
der Lotospflanzen.
Weg, nur weg!
Weg, nur weg!
Allein die Möwen und Reiher scheuchte ich auf
von ihrer Sandbank.

Li Qingzhao (um 1135)

如夢令

昨夜雨疏風驟
濃睡不消殘酒
試問卷簾人
卻道海棠依舊
知否
知否
應是綠肥紅瘦

李清照

Zur Weise von der Träumerei (2)

Immer wieder Regen, letzte Nacht, und stürmischer
 Wind,
selbst tiefer Schlaf linderte nicht meinen Kater.
Ich befragte die Dienerin, die den Vorhang hochzog:
Bei den Zieräpfeln sei es wie immer, meinte sie:
Wisst Ihr das nicht?
Wisst Ihr das nicht?
Die grünen gedeihen noch üppig, die roten verdorren.
 So soll es sein.

Li Qingzhao (um 1135)

好事近

風定落花深
簾外擁紅堆雪
長記海棠開後
正傷春時節
酒闌歌罷玉尊空
青缸暗明滅
魂夢不堪幽怨
更一聲啼鴂

李清照

Zur Weise von den nahenden Wonnen

56

Der Sturm hat sich gelegt: haufenweise abgefallene
Blüten.
Vor dem Fenster dicht gedrängtes Rot
und aufgetürmter Schnee.
Soweit ich zurückdenken kann, künden die
geöffneten Knospen
der Zieräpfel davon, dass mit dem Frühling
die Schwermut kommt.

Das Zechen ist beendet, das Lied verklungen,
der Jadebecher leer,
nur noch schwach flackert das Licht in der Laterne.
In meinen Träumen ertrage ich keine dunklen
Gedanken.
Und dann auch noch der Ruf eines Würgers.

Li Qingzhao (um 1135)

Der Würger ist ein kleiner Singvogel.

醜奴兒

少年不識愁滋味
愛上層樓
愛上層樓
為賦新詞強說愁
而今識盡愁滋味
欲說還休
欲說還休
卻道天涼好個秋

辛棄疾

Zur Weise vom hässlichen Bürschlein

57

Fremd war mir die Würze der Wehmut in jungen Jahren.
Ich bestieg lieber den Turm,
bestieg lieber den Turm.
Aufs Neue vom Gram zu singen, musst' ich mich nötigen.

Jetzt, wo ich all die Kümmernis kenne,
will ich darüber sprechen, doch halte ein,
will darüber sprechen, doch halte ein.
Nur so viel: Was für ein schöner, kühler Herbst!

Xin Qiji (um 1188)

Möglicherweise hat der zweite Teil einen politischen Hintergrund: das Verstummen einer kritischen Stimme. Wehmut, Gram und Kümmernis sind drei Übersetzungen desselben chinesischen Begriffs (*chou*).

書適

老翁垂七十
其實似童兒
山果啼呼覓
鄉儺喜笑隨
群嬉累瓦塔
獨立照盆池
更挾殘書讀
渾如上學時

陸游

Im Überschwang geschrieben

58

Auf die siebzig geh ich zu, ein alter Mann:
im Innersten aber immer noch der kleine Junge,
der in den Bergen juchzend Beeren sucht
und sich begeistert für den Mummenschanz im Dorf.
Welch ein Vergnügen, gemeinsam Ziegel aufzutürmen
oder sich allein im Teich zu spiegeln,
die Kladden zerfleddert unter den Arm geklemmt,
wie einst auf dem Weg zur Schule.

Lu You (1192)

讀唐人愁詩戲作

少時喚愁作底物
老境方知世有愁
忘盡世間愁故在
和身忘卻始應休

陸游

Zur Aufheiterung

Woher rührt all die Traurigkeit? Das fragte ich
in jungen Jahren.
Sie ist allgegenwärtig, das weiß ich jetzt als alter Mann.
Selbst wenn Du die Welt vergisst, bleibt doch der
Kummer,
nur wenn Du dich selbst verlierst, kommt er zur Ruhe.

Lu You (1209)

Der Titel der chinesischen Vorlage ist weitaus länger; er lautet: „Zur Aufheiterung geschrieben nach der Lektüre der kummervollen Gedichte der Tang-Poeten“.

山之高三章

汝心金石堅
我操冰雪潔
擬結百歲盟
忽成一朝別
朝雲暮雨心去來
千里相思共明月

張玉娘

Von der Höhe der Berge (3)

60

Fest wie Erz und Stein ist Deine Neigung,
rein wie Reif und Eis mein Lebenswandel.
Versprochen waren wir auf hundert Jahre,
doch eines Tages wurden wir abrupt getrennt.
Unstet sind die Empfindungen bei Morgenwolken
 und Abendregen,
nur im Schein des Mondes überwindet unser Sehnen
 die Ferne.

Zhang Yuniang (ausgehendes 13. Jh)

„Morgenwolken und Abendregen" haben im Allgemeinen eine sexuelle Konnotation.

Den Herbst im Herzen: eine Nachbemerkung

In China beschrieb die Zahl sechzig einen abgeschlossenen Zyklus, der nicht zuletzt zur Zeitrechnung verwendet wurde. Auch die Lebenserwartung des Menschen war – theoretisch – daran gebunden, ebenso wie die Vorstellung von Vollständigkeit. Natürlich lässt sich mit der Übersetzung von sechzig Gedichten kein Thema, kein Motiv erschöpfend behandeln. Es soll aber zumindest versucht werden, möglichst viele Facetten menschlicher Befindlichkeit im Spannungsfeld zwischen „Erwartung und Melancholie" anzusprechen, wobei beim Überschwang durchaus Resignation mitschwingen kann und beim Kummer sanfte Ironie; das mutet dann geradezu tröstlich an.

Zum Thema

In dieser kleinen Anthologie geht es in erster Linie um Stimmungslagen, nicht um Krankheitsbilder. Wenn also von „Melancholie" die Rede ist, dann soll dies keinesfalls eine Zuordnung zu einem ärztlichen Diagnoseschlüssel suggerieren, obwohl organische Ursachen im Einzelfall natürlich nicht auszuschließen sind. Das semantische Spektrum reicht dabei von der Niedergeschlagenheit bis zur Schwermut, von der Grübelei bis zur Traurigkeit, vom Kleinmut bis zur Weltenangst: unabhängig davon, ob der Zustand situationsbedingt oder latent ist. Zuweilen wird in der Lyrik auch der Kater nach einer durchzechten Nacht geschildert, wobei es natürlich sein kann, dass der übermäßige Alkoholgenuss durch Ungemach und Trübsal verursacht war.

Relativ häufig wird in der Poesie ein Verlust beklagt: das erzwungene Verlassen der Heimat, die Einbuße von Status und Besitz oder die Trennung von nahestehenden Menschen. In der Regel werden dann individuelle Schicksalsschläge angedeutet, manchmal ufert die Bestürzung aber auch in kollektive Schuldzuweisungen oder Larmoyanz aus.

Der Begriff „Erwartung" – der in den Gedichtübersetzungen dieses Bandes übrigens ebenso wenig vorkommt wie „Melancholie" – soll ebenfalls eine große Vielfalt von Empfindungen vermitteln: also die ganze Bandbreite von der Zuversicht bis zur Zufriedenheit, von der Chancennutzung bis zur Daseinsfreude, vom sexuellen Verlangen bis zur Erfüllung. Überwiegend geht es dabei um das kleine Glück, nicht um das große Los.

Auch einige Motive lassen sich den beiden Wahrnehmungsarten geradezu regelhaft – und auch für einen westlichen Leser wenig überraschend – zuordnen: einerseits der Frühling (mit der sprießenden Pflanzenwelt), die Morgensonne, das fröhliche Vogelgezwitscher und die Jugend, andererseits der Herbst (mit seinem rot gefärbten Laub), die Abenddämmerung, das unheimliche Affengebrüll und das Alter.

In diesem Zusammenhang fällt auf, dass das vielleicht am häufigsten mit Melancholie übersetzte chinesische Schriftzeichen (*chou*) aus zwei Elementen besteht: „Herz" (*xin*) und „Herbst" (*qiu*). Zwar vertritt schon das im Jahre 121 dem Kaiserhof präsentierte Wörterbuch *Shuowen jiezi* die Auffassung,

dass die zweite Komponente in diesem Fall lautgebend – und nicht sinngebend – sei, doch ist die Assoziation mit einem „Herbst im Herzen“ einfach zu reizvoll, um sie zu verschweigen.
Es kommt aber auch vor, dass die Trennlinie zwischen den Sphären weitgehend verschwimmt oder gar ganz aufgehoben ist. Das gilt insbesondere für die Hoffnung auf die baldige Rückkehr eines Lebenspartners oder eines Weggefährten. Da spürt man die Kraft der Sehnsucht, ahnt aber oft, dass die Aussicht auf ein Wiedersehen eher gering ist. Ähnlich ist es mit der Liebe, deren Erfüllung wohl weitaus seltener besungen wurde als ihr Scheitern.
Wenig Sinn macht im Übrigen die Zuordnung zu unterschiedlichen Wertvorstellungen. Zwar gibt es durchaus Texte, die relativ leicht mit konfuzianischem, daoistischem und buddhistischem Gedankengut in Verbindung gebracht werden können, doch hat sich die Mehrzahl der wirklich herausragenden Poetinnen und Poeten über diese Schablonen hinweggesetzt – selbst wenn sie einen bestimmten Lebensabschnitt im Kloster verbrachten.
Der zeitliche Rahmen dieses Buchs ist klar abgegrenzt. Den Anfang markiert die Reichseinigung (221 v. Chr.), am Ende steht die Eroberung durch die Mongolen (1279). Man kann für diese immerhin 1500 Jahre währende Zeitspanne natürlich verschiedene Perioden herausarbeiten, doch ist dies keineswegs zwingend: Schließlich war die Kontinuität fast durchweg stärker als der Wandel. In diesem Fall reicht es jedenfalls, in der Rückschau von einer „Blüte“ chinesischer Dichtung zu sprechen,

und wenn man will, ist es durchaus statthaft, die Bezeichnung „klassisch“ zu verwenden.

Männer und Frauen

Die Mehrzahl der Poeten gehörte den Bildungseliten an, die sich nicht zuletzt durch ihre Literaturkenntnisse von der Bevölkerungsmehrheit abgrenzten. Spätestens bei der Vorbereitung auf die Prüfungen, deren Bestehen meist die Voraussetzung für eine erfolgreiche Beamtenkarriere war, wurden die jungen Männer auch in der Dichtkunst unterwiesen. Nicht das Talent alleine entschied freilich über die Besetzung wichtiger Stellen! Auch die Patronage durch einflussreiche Gönner konnte sich als äußerst hilfreich erweisen. Zudem war der Ämterkauf nicht grundsätzlich ausgeschlossen.

So kam es, dass mancher kreative Geist in der Provinz versauerte, während gleichzeitig in der Hauptstadt das Mittelmaß regierte. Hinzu kam die große Schar von ambitionierten Intellektuellen, die trotz umfassenden Wissens und sicherer Urteilskraft bei den sehr anspruchsvollen Examina gescheitert waren und nunmehr ihren Frust mithilfe der Poesie kompensieren wollten.

Aber selbst unter den aufstrebenden Beamten, die alle formalen Voraussetzungen erfüllten, gab es höchst unterschiedliche Persönlichkeiten: Freigeister und Speichellecker, Großkotze und Habenichtse, Frömmler und Frevler, Abenteurer und Stubenhocker, Philanthropen und Zyniker, Einsiedler und Lebemänner, Freaks und Pedanten, Frühreife und Spätberufene.

Frauen war der Zugang zu öffentlichen Ämtern hingegen grundsätzlich versperrt. Damit fehlte ein wichtiger Anreiz für das Erlernen der Schrift und den Umgang mit Büchern. Hinzu kommt, dass insbesondere die Lyrik wegen ihrer politischen und sexuellen Anspielungen im Ruch sittlicher Verderbnis stand. Selbst die Töchter aus vornehmen Familien, die sich eine kulturbeflissene Erziehung leisten konnten, sollten sich daher oft nicht zu intensiv mit Versmaß und Metaphorik befassen, sondern in erster Linie mit der perfekten Haushaltsführung. Entsprechend gering war der Anteil von Poetinnen in den einschlägigen Sammlungen. Nehmen wir die Lyrik der Tang-Zeit (618-907) als Beispiel: Im *Quan Tang shi*, einem fast fünfzigtausend Gedichte umfassenden Kompendium, lag ihre Quote gerade einmal bei sechs Prozent. Und in der auf dreihundert Texte begrenzten Auswahl im *Tang shi sanbai shou*, der berühmtesten aller chinesischen Anthologien, finden sich sogar ausschließlich Poeten. Das ist in diesem Bändchen etwas anders. Vierundvierzig Schöpfungen von Autoren stehen sechzehn Werke von Autorinnen gegenüber. Das ist immerhin mehr als ein Viertel.

Formalia

Manche Kompilatoren hielten Überschriften für entbehrlich, manche schickten lediglich einen Hinweis auf den Adressaten oder einen Anlass voraus; in diesen Fällen wurde jeweils versucht, den Titel aus einer Formulierung im Text abzuleiten. Vor allem in späterer Zeit begannen die Gedichte häufig mit der Formulierung „Zur Weise von …“. Dabei wurde nicht wie sonst auf den Inhalt oder die Ausgangssituation Bezug genommen, sondern auf die Melodie, mit der die Strophen unterlegt waren. Diese Lieder waren also in der Regel nicht Ausdruck einer weltentrückten Selbstreflexion oder Teil eines intimen Gedankenaustauschs unter Freunden. Vielmehr wurden sie zumeist von vornherein für die Darbietung durch Unterhaltungskünstlerinnen in einschlägigen Etablissements geschrieben.

Kurze Erläuterungen am Seitenende sollen, wo dies nötig ist, das Verständnis erleichtern. Sie sind indes definitiv nicht als textkritischer Apparat zu sehen, der die verschiedenen Übersetzungsmöglichkeiten mit großer Detailfreude vergleicht. Dass dies die Aufgabe einer Studie wäre, die den Diskurs unter Chinawissenschaftlern befruchtet, ist unbestritten. Hier geht es jedoch lediglich darum, eine kleine Hilfestellung bei der Überwindung riesiger Distanzen – räumlich, zeitlich und kulturell – für nicht sinologisch vorgebildete Leser zu leisten. Im Übrigen mag es ein Trost sein, dass nicht wenige Gedichte schon bald nach ihrer Entstehung von der chinesischen Kommentarliteratur unterschiedlich gedeutet wurden.

Ohnehin können sich Übersetzungen „klassischer“ chinesischer Texte nicht sklavisch an die Vorlagen halten. Zu groß sind die Abweichungen bei der Syntax, den Wortarten und der Semantik. Darin ist man sich weithin einig. Nicht ganz so ausgeprägt ist der Konsens beim Umgang mit dem Endreim, auf den ich – wie in allen meinen Übersetzungen – bewusst verzichtet habe. Ich bitte um Nachsicht.

Dank
Dass Urs Engeler die Übersetzungen alter chinesischer Gedichte in seine Neue Sammlung aufgenommen hat, löst bei mir Freude und Dankbarkeit aus. Darüber hinaus fühle ich mich Rebecca Ehrenwirth, Hans Förstl, Waltraud Gerstendörfer, Sabine Höllmann, Gisela Muhn, Armin Sorge und Renate Stephan verbunden, die das Manuskript durchgesehen und so manchen Fehler verhindert haben.

BAN JIEYU, um 50–5 v. Chr. Die Hofdame (*jieyu*) Ban stand zeitweilig in der Gunst des Kaisers Cheng der Han-Dynastie (reg. 32–7 v. Chr.), verlor diese jedoch während der Regierungsdevise *hongjia* (20–17 v. Chr.).

BAO LINGHUI, um 420–460. Von der jüngeren Schwester des berühmten Poeten Bao Zhao (414–466) sind lediglich sieben Gedichte erhalten. Alle sind einem einzigen Thema gewidmet: dem Kummer über die Abwesenheit des Geliebten.

BO JUYI (Bai Juyi), 772–846. Aus einer verarmten Beamtenfamilie stammend, absolvierte er zügig die Staatsprüfungen. Zunächst gelang ihm der Aufstieg innerhalb der Bürokratie relativ rasch, da er aber – insbesondere bei sozialen Missständen – ein offenes Wort nicht scheute, kam es später mehrfach zu Brüchen in der Karriere. Genuss war ihm nicht fremd. Mit dem Alter hatte er zuweilen zu kämpfen. Die vergleichsweise schlichte, von manchen Kritikern als rustikal empfundene Form verschaffte dem Autor bereits zu Lebzeiten große Popularität.

BU FEIYAN, vermutlich 9. Jh. Von der Autorin sind einige Gedichte und Briefe überliefert, die sich an ihren Liebhaber wandten. Diese Liaison und ihr tragisches Ende sind Gegenstand einer um 900 entstandenen Erzählung, bei der jedoch ein hoher Anteil fiktiver Elemente anzunehmen ist.

CAO PI, 187–226. Der Sohn eines berühmten Feldherrn regierte ab 220 als Kaiser Wen über die Dynastie Wei. Er war als Poet vermutlich weniger talentiert als sein Bruder Cao Zhi, den er, wenn man den Quellen glauben darf, regelmäßig demütigte. Unumstritten ist hingegen seine herausragende Bedeutung für die antike Literaturtheorie, die er von ihrem didaktischen Auftrag befreite und durch systematische Zuordnungen ebenso bereicherte wie durch ästhetische Kategorien.

CUI SHI, vermutlich 8. Jh. Von dieser Autorin ist nur ein Gedicht überliefert, über ihre Biographie ist nichts bekannt. Shi ist als Namensbestandteil lediglich ein Hinweis auf das Geschlecht (also „Frau Cui"). Analog dazu wird der Gatte in der Textvorlage dreimal als „Herr Lu" angesprochen.

DU MU, 803–852. Der Dichter, Maler und Kalligraph entstammte einer Familie, die regelmäßig hohe Hofbeamte stellte. Verglichen mit seinem Großvater und Vater verlief die Karriere zwar weniger steil, aber nicht unbedingt erfolglos. An seinem Ruf als „Lebemann" war der Autor nicht ganz unschuldig, das zeigen auch einige seiner Gedichte. Andererseits sind keineswegs alle Deutungen seines Charakters belastbar. Im Übrigen war er ein durchaus kritischer Geist, der regelmäßig politische, soziale und militärische Themen aufgriff.

GENG WEI, 8. Jh. Der kaiserliche Berater war insbesondere durch seine Gedichte über soziale Missstände und die Situation in den Grenzregionen bekannt.

Oft verlegte er das Geschehen in eine unwirtlich anmutende Natur. Im Vergleich zu den meisten seiner Zeitgenossen ist sein Stil eher schlicht.

HANSHAN, vermutlich 7. Jh. Der Name (wörtlich: „Kalter Berg") ist von einem Höhenzug südlich der Yangzi-Mündung abgeleitet und wurde auf einen Einsiedler übertragen, der in dieser Region gelebt und 311 Gedichte geschrieben haben soll. Das Werk stammt jedoch nicht aus einer Hand, sondern von mehreren Autoren der Tang-Zeit: ein größerer Teil vermutlich aus der Gründungsphase der Dynastie, mancher Nachtrag hingegen wohl erst aus den beiden folgenden Jahrhunderten. Primär buddhistisch (Chan bzw. Zen) geprägt, greifen die Verse auch daoistische Elemente auf. Als Überschrift für die Gedichte wurde von den Kompilatoren stets die erste Zeile übernommen; in dieser Anthologie ist sie sinngemäß ergänzt.

LI BO (Li Bai, Li Taibo), 701–762. Neben Du Fu gilt er als der herausragende Dichter Chinas, im Westen ist er jedoch weit bekannter als der kongeniale Freund. Er entstammte einer in Ungnade gefallenen Familie, nahm nie an einer Beamtenprüfung teil und erlangte dennoch eine angesehene Stellung an der kaiserlichen Akademie: wenn auch nur für kurze Zeit; denn in die höfischen Gepflogenheiten wollte er sich nicht fügen. Unverkennbar ist der Einfluss daoistischen Gedankenguts in seinem Werk. Es soll mehr als 1000 Gedichte umfassen, doch sind viele davon spätere Zuschreibungen.

LI QINGZHAO, 1084–1151. Einer Gelehrtenfamilie entstammend, machte sie schon früh als Autorin und Malerin auf sich aufmerksam und gilt im Allgemeinen als bedeutendste Poetin Chinas. Neben ihrem lyrischen Werk verfasste sie literaturkritische Schriften und paläographische Abhandlungen. Die Invasion der Dschurdschen zwang sie zur Flucht in den Süden, doch fühlte sie sich dort nicht heimisch und beklagte regelmäßig den Verlust der Heimat. Die mit „Zur Weise von …“ beginnenden Titel beziehen sich nicht auf die Textinhalte, sondern auf die Melodien, mit denen die Gedichte unterlegt sind.

LI SHANGYIN, 813–858. Trotz erfolgreicher Teilnahme an den entsprechenden Prüfungen erlangte er keine höheren Ämter. Als Ursache dafür wird häufig seine Heirat betrachtet, durch die er in politische Auseinandersetzungen gezogen worden sein soll. In der Spätphase seines unruhigen Lebens wandte er sich dem Buddhismus zu. Viele seiner Gedichte sind voll von Anspielungen und lassen einen großen Interpretationsspielraum zu. Im Allgemeinen gilt sein umfangreiches Werk als „dunkel“ oder „düster“, doch gibt es durchaus Verse, die einen heiter-ironischen Ton pflegen.

LIU XIE, 467–522. Das Leben des Autors zentrierte um das Kloster, in dem er buddhistische Studien betrieb, und um den Hof, an dem er verschiedene Prinzen beriet. Bekannt ist er allerding vor allem durch das von ihm herausgegebene Werk „Vom Gehalt der Literatur und vom Schnitzen der Drachen". In dieser systematisch aufgebauten Studie findet sich am Ende jedes Kapitels ein resümierendes Preislied in Versform.

LIU ZONGYUAN, 773–819. Wie sein Vater war der berühmte Poet im Zensorat der Hauptstadt Chang'an tätig, bevor er, in Konflikte am Kaiserhof verwickelt, an die südliche Peripherie des Reichs verbannt wurde. Mit einer kurzen Unterbrechung verbrachte er die letzten 14 Jahre seines Lebens zunächst in Yongzhou (Provinz Hunan) und dann in Liuzhou (Provinz Guangxi). Dort hielt er einerseits die Schönheit der Natur in seinen Versen fest, andererseits die Ungerechtigkeit des Schicksals. Von seinem lyrischen Werk sind rund 180 Gedichte erhalten.

LU YOU, 1125–1210. Einer namhaften Gelehrtenfamilie entstammend, musste er sich dennoch lange Zeit mit unbedeutenden Ämtern begnügen, da er nicht mit der Beschwichtigungspolitik des Hofes gegenüber den Dschurdschen einverstanden war, die im Jahr nach seiner Geburt den Norden Chinas erobert hatten. Er wird daher bis heute als „Patriot" gefeiert. In den mehr als 9000 hinterlassenen Gedichten, von denen er die Mehrzahl als alter Mann schrieb, griff er neben der Polemik gegen die Invasoren und den verachteten Hof immer wieder Themen aus dem Alltagsleben auf, das er mit feiner Beobachtungsgabe und sanftem Humor schildert.

LUO YIN, 833–909. Nach dem Scheitern der angestrebten Karriere am Kaiserhof erfolgte der Rückzug in den ostchinesischen Küstenraum. Angeblich wurden seine Arroganz und sein Sarkasmus nur noch von seiner Hässlichkeit übertroffen. Das Spektrum seiner Themen war weit und reichte von Wunder- und Geistergeschichten über historische Rückschauen bis hin zu Gedichten über Flora und Fauna.

QIN GUAN, 1049–1100. Der in bescheidenen Verhältnissen aufgewachsene Autor gehörte zu den angesehensten Poeten seiner Epoche und wird bis heute vor allem wegen seiner Liebesgedichte geschätzt. Auf Empfehlung von Su Shi machte er zeitweilig am Hof Karriere, wurde aber, als sein Mentor in Ungnade fiel, ebenfalls in die kargen Randzonen des Reichs verbannt; er verstarb nach einer Amnestie auf dem Rückweg aus dem Exil.

SHEN YUE, 441–513. Einer einflussreichen Familie entstammend, diente er drei Dynastien in hohen Positionen. Das war äußerst ungewöhnlich und setzte zweifellos ein hohes Maß an Flexibilität voraus. Darüber hinaus machte er sich auch als Historiker und Dichter einen Namen. Neben dem Lobpreis auf das höfische Leben thematisierte er in seinem lyrischen Werk vor allem die Natur, die er sowohl aus daoistischer als auch aus buddhistischer Perspektive betrachtete.

SU SHI (Su Dongpo), 1037–1101. Er war fast gleichermaßen berühmt als Staatsmann, Poet, Kalligraph und Maler. Seine Karriere bei Hofe, wo er zeitweilig hohe Ämter innehatte, wurde immer wieder unterbrochen. Mehrfach mit Verbannung belegt, entging er einmal nur knapp der Todesstrafe. Er verknüpfte konfuzianische, daoistische und buddhistische Elemente auf eine sehr eigenständige Weise. Sein literarisches Schaffen ist breit gefächert. Viele seiner Gedichte setzten sich mit der sozialen Realität auseinander, nicht wenige sind von einem heiteren, gelegentlich auch ironischen Unterton getragen.

WANG JIAN, um 750–830. Bei den Staatsprüfungen erfolglos, musste sich der Beamte mit niedrigen Posten in der Provinz begnügen. Die Karriere in der Hauptstadt blieb ihm versagt. Viele seiner Gedichte sind ethischen Werten gewidmet; in manchen Werken schlüpft er in die Rolle von Frauen und kritisiert zumindest indirekt das männliche Gehabe.

WANG WEI, 701–761. Er war vielleicht der genialste Künstler seiner Zeit und wirkte nicht nur als Dichter, sondern auch als Maler und Komponist. Trotz gelegentlicher Rückschläge war seine Karriere sehr erfolgreich, und er hatte zeitweilige hohe Ämter inne. Zur Lebensmitte wandte er sich verstärkt dem Buddismus (Chan bzw. Zen) zu, ohne jedoch daoistisches Gedankengut völlig auszublenden. Berühmt ist insbesondere seine Naturlyrik: vor allem für die vergleichsweise schlichten Verse, die er auf seinem Landgut in Wangchuan verfasste.

WANG ZHIHUAN, 688–742. Nur wenige seiner Gedichte sind erhalten. „Bei der Besteigung des

Storchenturms“ ist allerdings bis heute in aller Munde. Die Beamtenlaufbahn verlief trotz seiner intellektuellen Fähigkeiten nicht besonders erfolgreich. Zeitweilig war sie für viele Jahre unterbrochen, in denen der Dichter auf Reisen ging. Wenn man den Quellen glauben darf, fehlte ihm der feste Blick auf die Karriere.

WEN TINGYUN, um 800–870. Zunächst mehrfach bei den Staatsprüfungen gescheitert, trieb er sich regelmäßig in den Vergnügungsvierteln herum. Auch viele seiner mit Musikbegleitung vorgetragenen Gedichte fanden dort eine begeisterte Zuhörerschaft. Häufig beschrieben die Texte einsame Frauen, die sich nach sexueller Erfüllung sehnten. Zeitweilig hatte er eine enge Beziehung zu der Poetin Yu Xuanji. In der Gunst des Hofes stand er nur vorübergehend.

XIN QIJI, 1140–1207. Als junger Mann scheiterte er bei einem Aufstand gegen die Dschurdschen, die den Norden des Landes besetzt hatten. Wegen seiner kompromisslosen Haltung fand er dennoch keinen Rückhalt bei Hofe und erlangte nur unbedeutende Positionen in der Hauptstadt. Aufgrund von Intrigen vorzeitig entlassen, zog er sich aufs Land zurück, wo er sich auf das literarische Schaffen konzentrieren konnte. Darin macht sich zuweilen Verbitterung breit, doch gibt es daneben anrührende Gedichte, die sich auf die genaue Beobachtung des Alltags stützen. Zudem war galliger Humor ihm nicht ganz fremd.

XU HUN, 788–860. Auf die nach mehreren Fehlversuchen vergleichsweise spät bestandene Staatsprüfung folgte eine nur begrenzt erfolgreiche Beamtenkarriere. Der auch als Kalligraph geschätzte Autor stand in Kontakt zu den bedeutendsten Dichtern seiner Zeit. In der Rückschau obsiegt die Bewunderung über die Verachtung.

XUE TAO, 768–831. Die Tochter eines kleinen Beamten verdingte sich nach dem Tod des Vaters als Kurtisane. Sie pflegte die Bekanntschaft mit einflussreichen Persönlichkeiten und namhaften Dichtern wie Bo Juyi. Von den rund 450 Gedichten, die sie hinterließ, sind nur 91 erhalten: darunter ein Zyklus aus zehn Vierzeilern, die sich mit dem Thema Trennung befassen. Das Schicksal der Tiere hat dabei einen direkten Bezug zur Selbstwahrnehmung. Xue Tao ist bis heute eine der bekanntesten Autorinnen in der chinesischen Geschichte.

YU XUANJI, 844–868. Bereits in jungen Jahren wurde die später geradezu verklärte Dichterin von einem hohen Beamten zur Konkubine genommen, doch währte diese Liaison nicht lange. Später trat sie in ein daoistisches Nonnenkloster ein, hielt aber den Kontakt zur Außenwelt: darunter zu einer ganzen Reihe namhafter Poeten wie Wen Tingyun (812–870). Die Überlieferung will, dass sie im Alter von 24 Jahren wegen eines Mordes hingerichtet wurde, doch ist diese Angabe ebenso wenig belegbar wie viele andere vermeintlich biographische Details.

YUAN ZHEN, 779–831. Der Nachfahr eines ehemaligen Herrscherhauses schloss eine lebenslange Freundschaft mit Bo Juyi, mit dem zusammen er zeitweilig an der Palastbibliothek tätig war. Er machte rasch Karriere bei Hofe und erlangte höchste Ämter; unter anderem wirkte er als Präsident der Hanlin-Akademie. Wegen seiner eher auf Ausgleich bedachten Politik und seiner Reformbemühungen immer wieder angefeindet, verbrachte er schließlich viele Jahre auf eher unbedeutenden Provinzposten. Viele seiner Gedichte setzen sich mit Zerstörung, Trauer und Freundschaft auseinander.

ZHANG YUNIANG, ausgehendes 13. Jh. Über das Leben dieser Dichterin gibt es keine belastbaren zeitgenössischen Quellen. Die sehr viel später einsetzende Überlieferung will, dass sie aus Gram über das Ableben des Mannes, dem sie ursprünglich versprochen war, ebenfalls den Tod suchte. Ihr werden mehr als hundert Gedichte zugeschrieben.

ZHAO FEIYAN, 45–1 v. Chr. Die wegen ihrer Schönheit berühmte Tänzerin stand – zusammen mit ihrer Schwester – in der Gunst des Kaisers Cheng der Han-Dynastie (reg. 32–7 v. Chr.). Sie löste Ban Jieyu als Favoritin ab und stieg kurz danach sogar zur Gemahlin des Herrschers auf.

Weiterführende Literatur in westlichen Sprachen

Alley, Rewi: Bai Juyi. 200 Selected Poems. Beijing 1983 (New World Press).
Barnstone, Tony & Barnstone, Willis & Xu Haixin: Laughing Lost in the Mountains. Poems of Wang Wei. Hanover 1991 (University Press of New England).
Birrell, Anne: New Songs from a Jade Terrace. An Anthology of Early Chinese Love Poetry. London 1982 (Allen & Unwin).
Bush, Susan: The Chinese Literati on Painting. Su Shih to Tung Ch'i-ch'ang. Cambridge, Mass. 1978 (Harvard University Press).
Bynner, Witter: Three Hundred Poems of the T'ang Dynasty 618–906. Taibei 1963 (Renren shuju).
Chang, Kang-I Sun: Six Dynasties Poetry. Princeton 1986 (Princeton University Press).
Chang, Kang-I Sun & Saussy, Haun: Women Writers of Traditional China. An Anthology of Poetry and Criticism. Stanford 1999 (Stanford University Press).
Chen Mingxiang & Heider, Hildburg: Frühling im Jadehaus: Klassische chinesische Gedichte. Stuttgart 2009 (Reclam).
Chen, Robert Shanmu: A Study of Bao Zhao and of his Poetry. With a Complete Translation of his Poems. Unveröffentlichte Dissertation, Vancouver 1989 (University of British Columbia).
Cheng, François: L'écriture poétique chinoise – suivi d'une anthologie des poèmes des Tang. Paris 1996 (Edition du Seuil).
Ching, Frank: Ancestors. The Story of China Told through the Lives of an Extraordinary Family. London 2009 (Rider).
Crespigny, Rafe de: Imperial Warlord. A Biography of Cao Cao 155–220 AD. Sinica Leidensia 99, Leiden, Boston 2010 (Brill).
Dauber, Dorothee: Geschliffene Jade. Zum Mythos der Song-Dichterin Li Qingzhao. Frankfurt am Main 2000 (Peter Lang).
Debon, Günther: Mein Weg verliert sich fern in weißen Wolken... Chinesische Lyrik aus drei Jahrtausenden. Heidelberg 1988(a) (Lambert Schneider).
Debon, Günther: Mein Haus liegt menschenfern doch nah den Dingen. München 1988(b) (Diederichs).
Debon, Günther: Chinesische Dichtung. Geschichte, Struktur, Theorie. Handbuch der Orientalistik 2.1, Leiden 1989 (Brill).
Diény, Jean-Pierre: Les poèmes de Cao Cao (155–220). Bibliothèque de l'Institut des Hautes Études Chinoises 31, Paris 2000 (Collège des France).
Duke, Michael S. : Lu You. Boston 1977 (Twayne).
Egan, Ronald C. : Poems on Painting. Su Shih and Huang T'ing-chien. Harvard Journal of Asiatic Studies 43/1983: 413–451.
Egan, Ronald C. : World, Image, and Deed in the Life of Su Shi. Cambridge, Mass. 1994 (Harvard University Press).

Egan, Ronald: The Burden of Female Talent. The Poet Li Qingzhao and Her History in China. Cambridge, Mass. 2013 (Harvard University Press).

Egan, Ronald C. : The Works of Li Qingzhao. Boston, Berlin 2019 (de Gruyter).

Eich, Günter: Aus dem Chinesischen. Frankfurt am Main 1976 (Suhrkamp).

Fang Weigui: Den Kranich fragen. 155 Gedichte von Bai Juyi. Göttingen 1999 (Cuvillier).

Gwyther, Jordan Alexander: Bai Juyi and the New Yuefu Movement. Unveröffentlichte Masterarbeit, Eugene 2013 (University of Oregon).

Hartman, Charles: Han Yü and the T'ang Search for Unity. Princeton 1986 (Princeton University Press).

Henricks, Robert G. : The Poetry of Han-shan. A Complete, Annotated Translation of Cold Mountain. Albany 1990 (State University of New York Press).

Hermann, Marc et al. (Hg.): Biographisches Handbuch chinesischer Schriftsteller. Geschichte der chinesischen Literatur 9, Berlin, New York 2011 (de Gruyter, Saur).

Hervouet, Yves: Amour et politique. Cent poèmes de Li Shangyin (812–858). Paris 1995 (De Boccard).

Hinton, David: The Selected Poems of Po Chü-i. New York 1999 (New Directions).

Höllmann, Thomas O. : Windgeflüster. Chinesische Gedichte über die Vergänglichkeit. München 2013 (C.H. Beck).

Höllmann, Thomas O. : Unzertrennlich, sorglos und verrückt. Chinesische Gedichte über die Freundschaft. Göttingen 2019 (Wallstein).

Höllmann, Thomas O. : Abscheu. Politische Gedichte aus dem Alten China. Roughbooks 51, Schupfart 2020 (Engeler).

Hu Pin-ch'ing: Li Ch'ing-chao. New York 1966 (Twayne).

Idema, Wilt: Male Fantasies and Female Realities. In: Harriet T. Zurndorfer (Hg.): Chinese Women in the Imperial Past. New Perspectives. Sinica Leidensia 44, Leiden 1999 (Brill), 19–52.

Jin Ha (Jin Xuefei) : The Banished Immortal: A Life of Li Bai. New York 2019 (Pantheon).

Kern, Martin: Poetry of Han Historiography. Early Medieval China 10–11/2004: 23–66.

Klöpsch, Volker: Der seidene Faden. Gedichte der Tang. Frankfurt am Main 1991 (Insel).

Klöpsch, Volker & Müller Eva (Hg.): Lexikon der chinesischen Literatur. München 2004 (C. H. Beck).

Klöpsch, Volker: Chinesische Liebesgedichte. Frankfurt, Leipzig 2009 (Insel).

Knechtges, David R. : Wen Xuan or Selections of Refined Literature. Princeton 1982 (Princeton University Press).

Kraushaar, Frank: Im Zeitmaß des Mondes. Eine Auswahl chinesischer Lyrik vom 3. bis zum 13. Jahrhundert. 4 Bde., 2003 München (Lyrik Kabinett).
Kroll, Paul W. (Hg.) : Reading Medieval Chinese Poetry. Text, Context, and Culture. Leiden, Boston 2015 (Brill).
Kubin, Wolfgang: Das lyrische Werk des Tu Mu (803–852). Veröffentlichungen des Ostasien-Instituts der Ruhr-Universität Bochum, Wiesbaden 1976 (Harrassowitz).
Kubin, Wolfgang: Der durchsichtige Berg. Die Entwicklung der Naturanschauung in der chinesischen Literatur. Münchener Ostasiatische Studien 39, Stuttgart 1985 (Steiner).
Kubin, Wolfgang: Von der Traurigkeit eines Chinesenmenschen. Versuch einer Grundlegung. In: Rolf Elberfeld u.a. (Hg.): Komparative Philosophie. Begegnungen zwischen östlichen und westlichen Denkwegen. München 1998 (Wilhelm Fink).
Kubin, Wolfgang (Hg.) : Symbols of Anguish. In Search of Melancholy in China. Schweizer Asiatische Studien, Monographien 38, Bern 2001 (Peter Lang).
Kubin, Wolfgang: Die chinesische Dichtkunst von den Anfängen bis zum Ende der Kaiserzeit. Geschichte der chinesischen Literatur 1, München 2002 (Saur).
Larsen, Jeanne: Brocade River Poems. Selected Works of the Tang Dynasty Courtesan Xue Tao. Princeton 1987 (Princeton University Press).
Lee, Lily Xiao Hong & Wile, Sue (Hg.): Bibliographical Dictionary of Chinese Women. 4 Bde., London, New York 2015 (Routledge).
Levy, Howard S. (Bd. 3 u. 4 mit Henry W. Wells): Translations from Po Chü-i's Collected Works. 4 Bde., New York 1971–1978 (Paragon), San Francisco (Chinese Materials Center).
Liang Paitchin: Li Qingzhao. Œuvres poétiques complètes. Paris 1977 (Gallimard).
Lin Yutang: The Gay Genius. The Life and Times of Su Tungpo. London 1948 (William Heinemann).
Liu, James J. Y. : The Poetry of Li Shang-yin. Ninth-Century Baroque Poet. Chicago 1969 (Chicago University Press).
Liu Wu-chi & Lo, Irvin Yucheng: Sunflower Splendor. Three Thousand Years of Chinese Poetry. Bloomington 1990 (Indiana University Press).
Lo, Irving Yucheng: Hsin Ch'i-chih. New York 1971 (Twayne).
Lu Yimin: Restless on the Border. Military Poetry of Six Dynasties China. Journal of Asian History 36/2002: 32–73.
Luo Manling: Literati Storytelling in Late Medieval China. Seattle, London 2016 (Washington University Press).
Mair, Victor (Hg.): The Columbia Anthology of Traditional Chinese Literature. New York 1994 (Columbia University Press).
Mather, Richard B. : The Age of Eternal Brilliance. Three Lyric

Poets of the Yung-ming Era (483–493). Sinica Leidensia 61, Leiden 2003 (Brill).
McNaughton, William & Young, David: Moon as Bright as Water. Seventeen Poems by Qin Guan. Chestertown 2018 (Chester River Press).
Minford, John & Lau, Joseph S. M. : Classical Chinese Literature. An Anthology of Translations. New York 2000 (Columbia University Press), Hong Kong (Chinese University Press).
Ndesandjo, Mark Obama: Complete Poems of Li Shangyin. The Tang Poet of Erotic Ambiguity. München 2020 (BookRix).
Nienhauser, William (Hg.): The Indiana Companion to Traditional Chinese Literature. Bloomington 1986–1998 (Indiana University Press).
Owen, Stephen: The Poetry of the Early T'ang. New Haven, London 1977 (Yale University Press).
Owen, Stephen: The Great Age of Chinese Poetry. The High Tang. New Haven 1981 (Yale University Press).
Owen, Stephen: An Anthology of Chinese Literature. Beginnings to 1911. New York, London 1996 (W. W. Norton & Company).
Owen, Stephen: The Late Tang. Chinese Poetry of the Mid-Ninth Century (827–860). Cambridge, Mass. 2006 (Harvard University Press).
Palandri, Angela C. Y. Jung: Yüan Chen. Boston 1977 (Twayne).
Pulleyblank, Edwin G. : Linguistic Evidence for the Date of Hanshan. In: Miao, Ronald C. (Hg.): Studies in Chinese Poetry and Politics. San Francisco 1978 (CMC), 163–195.
Rexroth, Kenneth & Ling Chung: The Orchid Boat. Women Poets of China. New York 1972 (McGraw-Hill).
Rexroth, Kenneth & Ling Chung: Li Qingzhao. Complete Poems. New York 1979 (New Directions).
Rouzer, Paul: The Poetry of Hanshan (Could Mountain), Shide, and Fenggan. Boston, Berlin 2017 (de Gruyter).
Schestag, Eva & Barrio Jiménes, Olga: Von Kaiser zu Kaiser. Die klassische chinesische Lyrik. Eine Anthologie. Frankfurt 2009 2009 (Fischer).
Schuhmacher, Stephan: Han Shan. 150 Gedichte vom kalten Berg. Düsseldorf 1977 (Diederichs).
Schuhmacher, Stephan: Wang Wei. Jenseits der weißen Wolken. Köln 1982 (Diederichs).
Schwarz, Ernst: Chinesische Frauenlyrik. München 1985 (dtv).
Shih, Vincent Yu-chung: The Literary Mind and the Carving of Dragons by Liu Hsieh. Taibei 1970 (Zhonghua shuju).
Sönnichsen, Helga: Ich weiß noch, wie sie kam. Gedichte aus dem chinesischen Mittelalter. Gossenberger Chinahefte 4, Gossenberg 2008 (Ostasien Verlag).
Spring, Madeline: The Celebrated Cranes of Po Chü-i. Journal of the American Oriental Society 111/1991: 8–18.

Storm, Kerstin: Kindheit in der Dichtung des Bai Juyi (772–846). Deutsche Ostasienstudien 14, Gossenberg 2014 (Ostasienverlag).
Stumpfeldt, Hans: Einundachtzig Han-Gedichte. Bibliothek der Han 1, Gossenberg 2009 (Ostasien Verlag).
Sun Yu: Li Po. A New Translation. Hong Kong 1982 (Commercial Press).
Thilo, Thomas: Chang'an. Metropole Ostasiens und Weltstadt des Mittelalters 583–904. Opera Sinologica 2, 19, Wiesbaden 1997–2006 (Harrassowitz).
Twitchett, Denis: Merchant, Trade, and Government in Late T'ang. Asia Major N. S. 14.1/1968: 63–95.
Wagner, Marsha: Wang Wei. Boston 1981 (Twayne).
Waley, Arthur: One Hundred and Seventy Chinese Poems. London 1928 (Chiswick Press).
Waley, Arthur: Translations from Chinese. New York 1941 (Alfred A. Knopf).
Waley, Arthur: The Life and Times of Po Chü-i. London 1949 (Allen & Unwin).
Waley, Arthur: The Poetry and Career of Li Po. London 1950 (Allen & Unwin).
Wang Jiaosheng: The Complete Ci-poems of Li Qingzhao. A New English Translation. Sino-Platonic Papers 13, Philadelphia 1989 (University of Pennsylvania).
Warner, Ding Xiang: A Wild Deer Among Soaring Phoenixes. The Opposition Poetics of Wang Ji. Honolulu 2003 (University of Hawaii Press).
Watson, Burton: Cold Mountain. 100 Poems by the T'ang Poet Han-shan. New York 1962 (Grove Press).
Watson, Burton: Su Tung-p'o. Selections from a Sung Dynasty Poet. New York 1965 (Columbia University Press).
Watson, Burton: The Old Man Who Does As He Pleases. Selections from the Poetry and Prose of Lu Yu. New York 1973 (Columbia University Press).
Watson, Burton: The Columbia Book of Chinese Poetry. From Early Times to the Thirteenth Century. New York 1984 (Columbia University Press).
Weinberger, Eliot (Hg.) : The New Directions Anthology of Classical Chinese Poetry. London 2007 (Anvil Books).
Wu Chi-yu: A Study of Han-shan. T'oung-Pao 45/1957: 392–450.
Xie Jing: Chinese Urbanism. Urban Form and Life in the Tang Song Dynasties. Singapore 2020 (World Scientific Publishing).
Xu Yuanzhong: Su Dong-po. A New Translation. Hong Kong 1982 (Commercial Press).
Xu Yuanzhong: Songs of Immortals. An Anthology of Chinese Poetry. Beijing 1994 (New World Press).
Yang Jingqing: The Chan Interpretations of Wang Wei's Poetry. A Critical Review. Hong Kong 2007 (Chinese University Press).

Yip Wai-lim: Chinese Poetry. An Anthology of Major Modes and Genres. Durham 1977 (Duke University Press).
Young, David: A Life in Poetry. New York 2008 (Alfred A. Knopf).
Yu, Pauline: The Poetry of Wang Wei. New Translations and Commentary. Bloomington 1980 (Indiana University Press).
Zach, Erwin von: Die chinesische Anthologie. Harvard-Yenching Institute Studies 15, Cambridge, Mass. 1958 (Harvard University Press).
Zach, Erwin von: Li T'ai-po. Gesammelte Gedichte. Asien- und Afrika-Studien 5, 19, 22, Wiesbaden 2000–2007 (Harrassowitz).

Erwartung & Melancholie
Sechzig Gedichte aus dem alten China
herausgegeben und übersetzt von Thomas O. Höllmann

Band 14 der Neuen Sammlung im 30. Jahr der
Engeler Verlage, September 2022.
Umschlaggestaltung Marcel Schmid,
Druck und Bindung Bookpress, Polen.

ISBN 978-3-907369-12-8

http://www.engeler.de